COLECCIÓN POESÍA

PLAZA JANÉS

Álvaro Mutis (Bogotá, 1923), narrador y poeta, es uno de los escritores más relevantes de la literatura contemporánea. Estudió en Bélgica y en Bogotá. Reside en México desde 1956. *La balanza* (1948), *Los elementos del desastre* (1953), *Los trabajos perdidos* (1965), *Summa de Maqroll el Gaviero* (compilación de su obra poética hasta 1973), *Caravansary* (1981), *Los emisarios* (1984), *Crónica regia* (1985) y *Un homenaje y siete nocturnos* (1987) son, entre otros, sus libros de poemas. En el campo de la narrativa ha publicado ocho novelas con el título general de *Empresas y tribulaciones de Maqroll el Gaviero*, así como *La Nieve del Almirante*, galardonada con el Premio Médicis 1989 a la mejor novela extranjera publicada en Francia, e *Ilona llega con la lluvia*. Su obra, traducida a varios idiomas, ha recibido los premios Nacional de las Letras (1974), Nacional de Poesía (1983), Xavier Villaurrutia (1988), Internacional Nonino (1990) y el Príncipe de Asturias de las Letras y el Reina Sofía de Poesía, ambos en 1997.

Álvaro Mutis

Antología

Colección dirigida por

Ana María Moix

Selección de

Enrique Turpin

PLAZA & JANÉS EDITORES, S.A.

Diseño de la portada: Marta Borrell
Fotografía de la portada: © Stock Photos

Primera edición: febrero, 2000

Printed in Spain – Impreso en España

ISBN: 84- 01-59045-0
Depósito legal: B. 6.468 - 2000

Fotocomposición: Víctor Igual, S. L.

Impreso en Romanyà Valls, S. A.
Verdaguer, 1. Capellades (Barcelona)

L 5 9 0 4 5 0

de PRIMEROS POEMAS

(1947-1952)

La creciente

Al amanecer crece el río, retumban en el alba los enormes troncos que vienen del páramo.

Sobre el lomo de las pardas aguas bajan naranjas maduras, terneros con la boca bestialmente abierta, techos pajizos, loros que chillan sacudidos bruscamente por los remolinos.

Me levanto y bajo hasta el puente. Recostado en la baranda de metal rojizo, miro pasar el desfile abigarrado. Espero un milagro que nunca viene.

Tras el agua de repente enriquecida con dones fecundísimos se va mi memoria.

Transito los lugares frecuentados por los adoradores del cedro balsámico, recorro perfumes, casas abandonadas, hoteles visitados en la infancia, sucias estaciones de ferrocarril, salas de espera.

Todo llega a la tierra caliente empujado por las aguas del río que sigue creciendo: la alegría de los carboneros, el humo de los alambiques, la canción de las tierras altas, la niebla que exorna los caminos, el vaho que despiden los bueyes, la plena, rosada y prometedora ubre de las vacas.

Voces angustiadas comentan el paso de cadáveres, monturas, animales con la angustia pegada en los ojos.

Los murciélagos que habitan la Cueva del Duende

huyen lanzando agudos gritos y van a colgarse a las ramas de los guamos o a prenderse de los troncos de los cámbulos. Los espanta la presencia ineluctable y pasmosa del hediondo barro que inunda su morada.

Sin dejar de gritar, solicitan la noche en actitud hierática.

El rumor del agua se apodera del corazón y lo tumba contra el viento. Torna la niñez...

¡Oh juventud pesada como un manto!

La espesa humareda de los años perdidos esconde un puñado de cenizas miserables.

La frescura del viento que anuncia la tarde, pasa velozmente por encima de nosotros y deja su huella opulenta en los árboles de la «cuchilla».

Llega la noche y el río sigue gimiendo al paso arrollador de su innúmera carga.

El olor a tierra maltratada se apodera de todos los rincones de la casa y las maderas crujen blandamente.

De cuando en cuando, un árbol gigantesco que viajara toda la noche, anuncia su paso al golpear sonoramente contra las piedras.

Hace calor y las sábanas se pegan al cuerpo. Con el sueño a cuestas, tomo de nuevo el camino hacia lo inesperado en compañía de la creciente que remueve para mí los más escondidos frutos de la tierra.

1945-47

El viaje

No sé si en otro lugar he hablado del tren del que fui conductor. De todas maneras, es tan interesante este aspecto de mi vida, que me propongo referir ahora cuáles eran algunas de mis obligaciones en ese oficio y de qué manera las cumplía.

El tren en cuestión salía del páramo el 20 de febrero de cada año y llegaba al lugar de su destino, una pequeña estación de veraneo situada en tierra caliente, entre el 8 y el 12 de noviembre. El recorrido total del tren era de 122 kilómetros, la mayor parte de los cuales los invertía descendiendo por entre brumosas montañas sembradas íntegramente de eucaliptos. (Siempre me ha extrañado que no se construyan violines con la madera de ese perfumado árbol de tan hermosa presencia. Quince años permanecí como conductor del tren y cada vez me sorprendía deliciosamente la riquísima gama de sonidos que despertaba la pequeña locomotora de color rosado, al cruzar los bosques de eucaliptos.)

Cuando llegábamos a la tierra templada y comenzaban a aparecer las primeras matas de plátano y los primeros cafetales, el tren aceleraba su marcha y cruzábamos veloces los vastos potreros donde pacían hermosas reses de largos cuernos. El perfume del pasto «yaraguá» nos perseguía entonces hasta llegar al lugarejo donde terminaba la carrilera.

Constaba el tren de cuatro vagones y un furgón, pintados todos de color amarillo canario. No había diferencia alguna de clases entre un vagón y otro, pero cada uno era invariablemente ocupado por determinadas gentes. En el primero iban los ancianos y los ciegos; en el segundo los gitanos, los jóvenes de dudosas costumbres y, de vez en cuando, una viuda de furiosa y postrera adolescencia; en el tercero, viajaban los matrimonios burgueses, los sacerdotes y los tratantes de caballos; el cuarto y último había sido escogido por las parejas de enamorados, ya fueran recién casados o se tratara de alocados muchachos que habían huido de sus hogares. Ya para terminar el viaje, comenzaban a oírse en este último coche los tiernos lloriqueos de más de una criatura y, por la noche, acompañados por el traqueteo adormecedor de los rieles, las madres arrullaban a sus pequeños mientras los jóvenes padres salían a la plataforma para fumar un cigarrillo y comentar las excelencias de sus respectivas compañeras.

La música del cuarto vagón se confunde en mi recuerdo con el ardiente clima de una tierra sembrada de jugosas guanábanas, en donde hermosas mujeres de mirada fija y lento paso escanciaban el guarapo en las noches de fiesta.

Con frecuencia actuaba como sepulturero. Ya fuera un anciano fallecido en forma repentina o se tratara de un celoso joven del segundo vagón envenenado por sus compañeros, una vez sepultado el cadáver permanecíamos allí tres días vigilando el túmulo y orando ante la imagen de Cristóbal Colón, Santo Patrono del tren.

Cuando estallaba un violento drama de celos entre los viajeros del segundo coche o entre los enamorados del cuarto, ordenaba detener el tren y dirimía la disputa. Los amantes reconciliados, o separados para siempre, sufrían los amargos y duros reproches de todos los demás viajeros. No es cualquier cosa permanecer en medio de un páramo helado o de una ardiente llanura donde el sol reverbera hasta agotar los ojos, oyendo las peores indecencias, enterándose de las más vulgares intimidades y descubriendo, como en un espejo de dos caras, tragedias que en nosotros transcurrieron soterradas y silenciosas, denunciando apenas su paso con un temblor en las rodillas o una febril ternura en el pecho.

Los viajes nunca fueron anunciados previamente. Quienes conocían la existencia del tren, se pasaban a vivir a los coches uno o dos meses antes de partir, de tal manera que, a finales de febrero, se completaba el pasaje con alguna ruborosa pareja que llegaba acezante o con un gitano de ojos de escupitajo y voz pastosa.

En ocasiones sufríamos, ya en camino, demoras

hasta de varias semanas debido a la caída de un viaducto. Días y noches nos atontaba la voz del torrente, en donde se bañaban los viajeros más arriesgados. Una vez reconstruido el paso, continuaba el viaje. Todos dejábamos un ángel feliz de nuestra memoria rondando por la fecunda cascada, cuyo ruido permanecía intacto y, de repente, pasados los años, nos despertaba sobresaltados, en medio de la noche.

Cierto día me enamoré perdidamente de una hermosa muchacha que había quedado viuda durante el viaje. Llegado que hubo el tren a la estación terminal del trayecto me fugué con ella. Después de un penoso viaje nos establecimos a orillas del Gran Río, en donde ejercí por muchos años el oficio de colector de impuestos sobre la pesca del pez púrpura que abunda en esas aguas.

Respecto al tren, supe que había sido abandonado definitivamente y que servía a los ardientes propósitos de los veraneantes. Una tupida maraña de enredaderas y bejucos invade ahora completamente los vagones y los azulejos han fabricado su nido en la locomotora y el furgón.

1948

de LOS ELEMENTOS DEL DESASTRE

(1953)

Para Fernando López

Hastío de los peces

Desde dónde iniciar nuevamente la historia es cosa que no debe preocuparnos. Partamos, por ejemplo, de cuando era celador de trasatlánticos en un escondido y mísero puerto del Caribe. Mi nueva profesión, nada insólita y muy aburrida por épocas, me dejaba pingües ganancias en ciertos frutos de cuya nuez salía por las tardes un perfume muy semejante al del poleo.

La voz de este relato mana de ciertos rincones a donde no puedo llevaros, pese a mi buena voluntad y en donde, de todas maneras, no sería mucho lo que podría verse.

Los buques han necesitado siempre de un celador. Cuando se quedan solos, cuando los abandona desde el capitán hasta su último fogonero y los turistas desembarcan para dar una vuelta y desentumecer las piernas, en tales ocasiones necesitan de una persona que permanezca en ellos y cuide de que el agua dulce no se enturbie ni el alcohol de los termómetros se evapore en la sal de la tarde.

Con plena conciencia de mis responsabilidades, recorría todos los sitios en donde pudiera esconderse el albatros vaticinador del hambre y la pelagra o la mariposa de oscuras alas lanosas, propiciadora de la más vasta miseria. Los capitanes me confiaban los planos de blancos veleros o de veloces yates destinados a la orgía de ancianos sin dientes y yo interpretaba los signos que en tales cartas indicaban sitios sospechosos o nidos de terror.

Con la savia de los cocoteros, arena recogida en la Playa a la madrugada del Viernes Santo, la camisa de un viejo marino muerto en el Malecón del Sur en una epidemia de tifo y otros elementos que ya no recuerdo, realizaba la limpieza de los ojos de buey turbios de miel y sacrificios y de las torres de radio adornadas con vistosas banderolas.

Mi jornada nunca sobrepasó las cinco horas y jamás dejé ver mi cara a los turistas que regresaban con hondas ojeras de desgano.

Recostado en la barandilla de popa, pude presenciar una tarde la muerte de un coleccionista de caderas, a manos de una anciana vendedora de tabaco. La cabeza le quedó colgando de unas tiras pálidas y le bailaba sobre el pecho como una calabaza iluminada por resplandores de cumbia. Una última sombra le cubrió los ojos y tuve que encargarme de enterrar el cadáver. Lo cobijé con algas gigantes y nunca percibí fetidez alguna.

Muchos años serví en el puerto a que me vengo refiriendo. Tantos, que olvidé los rasgos sobresalientes de las bestias que luego me acompañaron en mi peregrinaje por las Tierras Altas, donde moran los conciliadores de los Cuarenta Elementos.

Entre los buques que cuidé con mayor esmero y cariño se cuenta uno con matrícula de Dublín, de sucio aspecto y de forma poco esbelta, pero lleno de plantas salutíferas y huellas de hermosísimas mujeres.

Mis noches transcurrían en ese ambiente pesado que dejan los fardos de lana en las bodegas o el exceso de comida en los mineros. Uno que otro sol me halló tendido en la playa. Las estrellas nunca aparecieron por esas latitudes. Siempre me han repugnado los planetas. El arribo de un barco era anunciado al alba con el vuelo de enormes cacatúas de grises párpados soñolientos, que gemían desoladas su estéril concupiscencia. Jamás faltaron a su cita esos pájaros portentosos. Mi criado venía a despertarme cuando el buque tocaba el muelle y yo partía embotado aún por el sueño, arreglándome presuroso las ropas con que había dormido. Esto lo digo para mi descargo, pues hubo quienes pretendieron acusarme de incumplimiento, con la manifiesta intención de perjudicar mis labores, tan ricas en el trato de criaturas superiores; de seres singulares estancados en el placer de un viaje interminable.

En otra oportunidad relataré mi vergonzosa huida y mi subsecuente castigo.

Una palabra

Cuando de repente en mitad de la vida llega una palabra
jamás antes pronunciada,
una densa marea nos recoge en sus brazos y comienza
el largo viaje entre la magia recién iniciada,
que se levanta como un grito en un inmenso hangar
abandonado donde el musgo cobija las paredes,
entre el óxido de olvidadas criaturas que habitan un
mundo en ruinas, una palabra basta,
una palabra y se inicia la danza pausada que nos lleva
por entre un espeso polvo de ciudades,
hasta los vitrales de una oscura casa de salud, a patios
donde florece el hollín y anidan densas sombras,
húmedas sombras, que dan vida a cansadas mujeres.
Ninguna verdad reside en estos rincones y, sin embar-
go, allí sorprende el mudo pavor
que llena la vida con su aliento de vinagre-rancio vina-
gre que corre por la mojada despensa de una humil-
de casa de placer.
Y tampoco es esto todo.
Hay también las conquistas de calurosas regiones don-
de los insectos vigilan la copulación de los guardia-
nes del sembrado que pierden la voz entre los caña-
duzales sin límite surcados por rápidas acequias

y opacos reptiles de blanca y rica piel.
¡Oh el desvelo de los vigilantes que golpean sin descanso sonoras latas de petróleo
para espantar los acuciosos insectos que envía la noche como una promesa de vigilia!
Camino del mar pronto se olvidan estas cosas.
Y si una mujer espera con sus blancos y espesos muslos abiertos como las ramas de un florido písamo centenario,
entonces el poema llega a su fin, no tiene ya sentido su monótono treno
de fuente turbia y siempre renovada por el cansado cuerpo de viciosos gimnastas.

Sólo una palabra.
Una palabra y se inicia la danza
de una fértil miseria.

Nocturno

La fiebre atrae el canto de un pájaro andrógino
y abre caminos a un placer insaciable
que se ramifica y cruza el cuerpo de la tierra.
¡Oh el infructuoso navegar alrededor de las islas
donde las mujeres ofrecen al viajero
la fresca balanza de sus senos
y una extensión de terror en las caderas!
La piel pálida y tersa del día
cae como la cáscara de un fruto infame.
La fiebre atrae el canto de los resumideros
donde el agua atropella los desperdicios.

de RESEÑA DE LOS HOSPITALES DE ULTRAMAR

(1955-1959)

En el río

Derivaba el Gaviero un cierto consuelo de su trato con las gentes. Vertía sobre sus oyentes la melancolía de sus largos viajes y la nostalgia de los lugares que eran caros a su memoria y de los que destilaba la razón de su vida.

Pero fue en el Hospital del Río en donde aprendió a gustar de la soledad y a rescatar en ella la única, la imperecedera sustancia de sus días. Fue en el río en donde vino a aficionarse a las largas horas de solitario soñador, de sumergido pesquisidor de un cierto hilo de claridad que manaba de su vigilia sin compañía ni testigos.

El Hospital había sido construido a orillas de un gran río navegable que cruzaba el interior de un país de minas, cuyo producto bajaba a la costa en oxidados planchones, empujados por un remolcador que cada semana ascendía la corriente con una lenta y terca dificultad de asmático.

La región estaba poblada de grandes árboles de tronco claro y hojas de un perpetuo verde tierno que daban bien poca sombra y protección contra el sol implacable de los trópicos. Habían construido un largo edificio con techo de palma y paredes de ladrillo para que yacieran en él los enfermos que bajaban de las minas, los heridos en los derrumbes y las explosiones, los dolientes, en fin, que eran embarcados en el remolcador y viajaban al mar en busca de una salud que en vano tratarían de rescatar en el breve y miserable tiempo de sus vidas quebradas. Las minas fueron cerrándose, el remolcador espació sus visitas y fue entonces cuando llegó por aquellos lugares el Gaviero y se instaló en el largo barracón ocupado por una doble hilera de camas carcomidas por el óxido y la verdosa y mansa lama nacida de la humedad y del aire cargado de impalpables y ricas materias vegetales.

Curaba el Gaviero las heridas recibidas en la calle de los burdeles del puerto cuando, en plena ebriedad, insistió en contraer matrimonio con una negra madura y sonriente que exhibía sus grandes senos a la entrada del templo, con una expresión alelada y ausente.

Saltando el río y refugiándose en el remolcador que partía, logró el Gaviero librarse de los airados feligreses. Sin embargo, un cuchillo le había entrado en el vientre dos veces y un brazo se le había dislocado por completo al rodar por las escalinatas del templo.

Curaba el Gaviero sus heridas y meditaba largamente sobre la materia de sus años. Allí le abandonaron los hombres del remolcador, desesperados con los interminables delirios y visiones que atormentaban los días y noches del Gaviero, minado por la fiebre y trabajado por su antigua angustia siempre renovada en las fuentes de su incómoda lucidez de perpetuo exiliado.

El río, en la mañana, estaba cubierto por un vaho lechoso que se disipaba, no al impulso de la brisa —allí corría el río encajonado entre altas cordilleras y jamás la brisa descendía a visitar la región— sino por el golpe metálico de un sol ausente apenas en la corta estación de las lluvias. Frutos amargos, pescados con un dulzón sabor a lodo y la infusión de las hojas de algunos naranjos salvajes que no producían fruto alguno, eran todo el alimento del convaleciente.

Y de su soledad largamente rumiada y laboriosamente escarbada en los largos días en que yaciera descifrando las grandes manchas que la humedad dejaba en las paredes de ladrillo, derivó el Gaviero algunas enseñanzas perdurables y una costumbre, cada día más acentuada, de estar a solas con sus asuntos.

Supo, por ejemplo, que la carne borra las heridas, lava toda huella del pasado, pero nada puede contra la remembranza del placer y la memoria de los cuerpos a los que se uniera antaño.

Aprendió que hay una nostalgia intacta de todo cuerpo gozado, de todas las horas de gran desorden de la carne en donde nace una verdad de sustancia especial y sobre la que el tiempo no tiene ascendiente alguno.

Se confunden los rostros y los nombres, se borran las acciones y los dulces sacrificios hechos por quien se amó una vez, pero el ronco grito del goce se levanta repitiendo su sílaba como las sirenas de las boyas a la entrada del puerto.

Cuando los recuerdos irrumpieron en sus inquietos sueños, cuando la nostalgia comenzó a confundirse con la materia vegetal que lo rodeaba, cuando el curso callado de las aguas lodosas le distrajo buena parte de sus días en un vacío en el que palpitaba levemente un deseo de poner a prueba la materia conquistada en los extensos meses de soledad, el Gaviero ascendió a las Tierras Altas, visitó los abandonados socavones de las minas, se internó en ellos y gritó nombres de mujeres y maldiciones obscenas que retumbaban en el muro de las profundidades.

Se perdió en los páramos recorridos por un viento que empujaba secas semillas y grandes hojas vestidas de una tibia pelusa nacarada. Una patrulla militar lo rescató de la muerte, cuando se había encogido entre las rocas en busca del calor de su propia sangre que apenas circulaba ya por su cuerpo escuálido y tostado por el sol de la cordillera.

de LOS TRABAJOS PERDIDOS

(1965)

Para Carmen

Nocturno

Esta noche ha vuelto la lluvia sobre los cafetales.
Sobre las hojas de plátano,
sobre las altas ramas de los cámbulos,
ha vuelto a llover esta noche un agua persistente y
[vastísima
que crece las acequias y comienza a henchir los ríos
que gimen con su nocturna carga de lodos vegetales.
La lluvia sobre el cinc de los tejados
canta su presencia y me aleja del sueño
hasta dejarme en un crecer de las aguas sin sosiego,
en la noche fresquísima que chorrea
por entre la bóveda de los cafetos
y escurre por el enfermo tronco de los balsos gigantes.
Ahora, de repente, en mitad de la noche
ha regresado la lluvia sobre los cafetales
y entre el vocerío vegetal de las aguas
me llega la intacta materia de otros días
salvada del ajeno trabajo de los años.

Amén

Que te acoja la muerte
con todos tus sueños intactos.
Al retorno de una furiosa adolescencia,
al comienzo de las vacaciones que nunca te dieron,
te distinguirá la muerte con su primer aviso.
Te abrirá los ojos a sus grandes aguas,
te iniciará en su constante brisa de otro mundo.
La muerte se confundirá con tus sueños
y en ellos reconocerá los signos
que antaño fuera dejando,
como un cazador que a su regreso
reconoce sus marcas en la brecha.

Grieta matinal

Cala tu miseria,
sondéala, conoce sus más escondidas cavernas.
Aceita los engranajes de tu miseria,
ponla en tu camino, ábrete paso con ella
y en cada puerta golpea
con los blancos cartílagos de tu miseria.
Compárala con la de otras gentes
y mide bien el asombro de sus diferencias,
la singular agudeza de sus bordes.
Ampárate en los suaves ángulos de tu miseria.
Ten presente a cada hora
que su materia es tu materia,
el único puerto del que conoces cada rada,
cada boya, cada señal desde la cálida tierra
a donde llegas a reinar como Crusoe
entre la muchedumbre de sombras
que te rozan y con las que tropiezas
sin entender su propósito ni su costumbre.
Cultiva tu miseria,
hazla perdurable,
aliméntate de su savia,
envuélvete en el manto tejido con sus más secretos hilos.

Aprende a reconocerla entre todas,
no permitas que sea familiar a los otros
ni que la prolonguen abusivamente los tuyos.
Que te sea como agua bautismal
brotada de las grandes cloacas municipales,
como los arroyos que nacen en los mataderos.
Que se confunda con tus entrañas, tu miseria;
que contenga desde ahora los capítulos de tu muerte,
los elementos de tu más certero abandono.
Nunca dejes de lado tu miseria,
así descanses a su vera
como junto al blanco cuerpo
del que se ha retirado el deseo.
Ten siempre lista tu miseria
y no permitas que se evada por distracción o engaño.
Aprende a reconocerla hasta en sus más breves signos:
el encogerse de las finas hojas del carbonero,
el abrirse de las flores con la primera frescura de la tarde,
la soledad de una jaula de circo varada en el lodo
del camino, el hollín en los arrabales,
el vaso de latón que mide la sopa en los cuarteles,
la ropa desordenada de los ciegos,
las campanillas que agotan su llamado
en el solar sembrado de eucaliptos,
el yodo de las navegaciones.
No mezcles tu miseria en los asuntos de cada día.

Aprende a guardarla para las horas de tu solaz
y teje con ella la verdadera,
la sola materia perdurable
de tu episodio sobre la tierra.

«UN BEL MORIR...»

De pie en una barca detenida en medio del río
cuyas aguas pasan en lento remolino
de lodos y raíces,
el misionero bendice la familia del cacique.
Los frutos, las joyas de cristal, los animales, la selva,
reciben los breves signos de la bienaventuranza.
Cuando descienda la mano
habré muerto en mi alcoba
cuyas ventanas vibran al paso del tranvía
y el lechero acudirá en vano por sus botellas vacías.
Para entonces quedará bien poco de nuestra historia,
algunos retratos en desorden,
unas cartas guardadas no sé dónde,
lo dicho aquel día al desnudarte en el campo.
Todo irá desvaneciéndose en el olvido
y el grito de un mono,
el manar blancuzco de la savia
por la herida corteza del caucho,
el chapoteo de las aguas contra la quilla en viaje,
serán asunto más memorable que nuestros largos
[abrazos.

Cada poema

Cada poema un pájaro que huye
del sitio señalado por la plaga.
Cada poema un traje de la muerte
por las calles y plazas inundadas
en la cera letal de los vencidos.
Cada poema un paso hacia la muerte,
una falsa moneda de rescate,
un tiro al blanco en medio de la noche
horadando los puentes sobre el río,
cuyas dormidas aguas viajan
de la vieja ciudad hacia los campos
donde el día prepara sus hogueras.
Cada poema un tacto yerto
del que yace en la losa de las clínicas,
un ávido anzuelo que recorre
el limo blando de las sepulturas.
Cada poema un lento naufragio del deseo,
un crujir de los mástiles y jarcias
que sostienen el peso de la vida.
Cada poema un estruendo de lienzos que derrumban
sobre el rugir helado de las aguas
el albo aparejo del velamen.

Cada poema invadiendo y desgarrando
la amarga telaraña del hastío.
Cada poema nace de un ciego centinela
que grita al hondo hueco de la noche
el santo y seña de su desventura.
Agua de sueño, fuente de ceniza,
piedra porosa de los mataderos,
madera en sombra de las siemprevivas,
metal que dobla por los condenados,
aceite funeral de doble filo,
cotidiano sudario del poeta,
cada poema esparce sobre el mundo
el agrio cereal de la agonía.

Sonata

Por los árboles quemados después de la tormenta.
Por las lodosas aguas del delta.
Por lo que hay de persistente en cada día.
Por el alba de las oraciones.
Por lo que tienen ciertas hojas
en sus venas color de agua
profunda y en sombra.
Por el recuerdo de esa breve felicidad
ya olvidada
y que fuera alimento de tantos años sin nombre.
Por tu voz de ronca madreperla.
Por tus noches por las que pasa la vida
en un galope de sangre y sueño.
Por lo que eres ahora para mí.
Por lo que serás en el desorden de la muerte.
Por eso te guardo a mi lado
como la sombra de una ilusoria esperanza.

de SE HACE UN RECUENTO DE CIERTAS VISIONES MEMORABLES DE MAQROLL EL GAVIERO, DE ALGUNAS DE SUS EXPERIENCIAS EN VARIOS DE SUS VIAJES Y SE CATALOGAN ALGUNOS DE SUS OBJETOS MÁS FAMILIARES Y ANTIGUOS*

(1970)

* Estos poemas fueron incluidos en la *Summa de Maqroll el Gaviero*, publicada en España en 1973.

SOLEDAD

En mitad de la selva, en la más oscura noche de los grandes árboles, rodeado del húmedo silencio esparcido por las vastas hojas del banano silvestre, conoció el Gaviero el miedo de sus miserias más secretas, el pavor de un gran vacío que le acechaba tras sus años llenos de historias y de paisajes. Toda la noche permaneció el Gaviero en dolorosa vigilia, esperando, temiendo el derrumbe de su ser, su naufragio en las girantes aguas de la demencia. De estas amargas horas de insomnio le quedó al Gaviero una secreta herida de la que manaba en ocasiones la tenue linfa de un miedo secreto e innombrable. La algarabía de las cacatúas que cruzaban en bandadas la rosada extensión del alba, lo devolvió al mundo de sus semejantes y tornó a poner en sus manos las usuales herramientas del hombre. Ni el amor, ni la desdicha, ni la esperanza, ni la ira volvieron a ser los mismos para él después de su aterradora vigilia en la mojada y nocturna soledad de la selva.

de CARAVANSARY

(1981)

Para Alberto Zalamea

En una calle de Córdoba

Para Leticia y Luis Feduchi

En una calle de Córdoba, una calle como tantas, con sus tiendas de postales y artículos para turistas,

una heladería y dos bares con mesas en la acera y en el interior chillones carteles de toros,

una calle con sus hondos zaguanes que desembocan en floridos jardines con su fuente de azulejos

y sus jaulas de pájaros que callan abrumados por el bochorno de la siesta,

uno que otro portón con su escudo de piedra y los borrosos signos de una abolida grandeza;

en una calle de Córdoba cuyo nombre no recuerdo o quizá nunca supe,

a lentos sorbos tomo una copa de jerez en la precaria sombra de la vereda.

Aquí y no en otra parte, mientras Carmen escoge en una tienda vecina las hermosas chilabas que regresan

después de cinco siglos para perpetuar la fresca delicia de la medina en los tiempos de Al-Andalus,

en esta calle de Córdoba, tan parecida a tantas de Cartagena de Indias, de Antigua, de Santo Domingo o de la derruida Santa María del Darién,

aquí y no en otro lugar me esperaba la imposible, la ebria certeza de estar en España.

En España, a donde tantas veces he venido a buscar este instante, esta devastadora epifanía,

sucede el milagro y me interno lentamente en la felicidad sin término

rodeado de aromas, recuerdos, batallas, lamentos, pasiones sin salida,

por todos esos rostros, voces, airados reclamos, tiernos, dolientes ensalmos;

no sé cómo decirlo, es tan difícil.

Es la España de Abu-l-Hassan Al-Husri, «el Ciego», la del bachiller Sansón Carrasco,

la del príncipe Don Felipe, primogénito del César, que desembarca en Inglaterra todo vestido de blanco,

para tomar en matrimonio a María Tudor, su tía, y deslumbrar con sus maneras y elegancia a la corte inglesa,

la del joven oficial de albo coleto que parece pedir silencio en *Las lanzas* de Velázquez;

la España, en fin, de mi imposible amor por la infanta Catalina Micaela, que con estrábico asombro

me mira desde su retrato en el Museo del Prado,

la España del chófer que hace poco nos decía: «El peligro está donde está el cuerpo.»

Pero no es sólo esto, hay mucho más que se me escapa.

Desde niño he estado pidiendo, soñando, anticipando,

esta certeza que ahora me invade como una repentina temperatura, como un sordo golpe en la garganta,
aquí en esta calle de Córdoba, recostado en la precaria mesa de latón mientras saboreo el jerez
que como un ser vivo expande en mi pecho su calor generoso, su suave vértigo estival.
Aquí, en España, cómo explicarlo si depende de las palabras y éstas no son bastante para conseguirlo.
Los dioses, en alguna parte, han consentido, en un instante de espléndido desorden,
que esto ocurra, que esto me suceda en una calle de Córdoba,
quizá porque ayer oré en el Mihrab de la Mezquita, pidiendo una señal que me entregase así, sin motivo ni mérito alguno,
la certidumbre de que en esta calle, en esta ciudad, en los interminables olivares quemados al sol,
en las colinas, las serranías, los ríos, las ciudades, los pueblos, los caminos, en España, en fin,
estaba el lugar, el único e insustituible lugar en donde todo se cumpliría para mí
con esta plenitud vencedora de la muerte y sus astucias, de olvido y del turbio comercio de los hombres.
Y ese don me ha sido otorgado en esta calle como tantas otras, con sus tiendas para turistas, su heladería, sus bares, sus portalones historiados,

en esta calle de Córdoba, donde el milagro ocurre, así, de pronto, como cosa de todos los días,

como un trueque del azar que le pago gozoso con las más negras horas de miedo y mentira,

de servil aceptación y de resignada desesperanza,

que han ido jalonando hasta hoy la apagada noticia de mi vida.

Todo se ha salvado ahora, en esta calle de la capital de los Omeyas pavimentada por los romanos,

en donde el Duque de Rivas moró en su palacio de catorce jardines y una alcoba regia para albergar a los reyes nuestros señores.

Concedo que los dioses han sido justos y que todo está, al fin, en orden.

Al terminar este jerez continuaremos el camino en busca de la pequeña sinagoga en donde meditó Maimónides

y seré, hasta el último día, otro hombre o, mejor, el mismo pero rescatado y dueño, desde hoy, de un lugar sobre la tierra.

de LOS EMISARIOS

(1984)

Razón del extraviado

Para Alastair Reid

Vengo del norte,
donde forjan el hierro, trabajan las rejas,
hacen las cerraduras, los arados,
las armas incansables,
donde las grandes pieles de oso
cubren paredes y lechos,
donde la leche espera la señal de los astros,
del norte donde toda voz es una orden,
donde los trineos se detienen
bajo el cielo sin sombra de tormenta.
Voy hacia el este,
hacia los más tibios cauces
de la arcilla y el limo
hacia el insomnio vegetal y paciente
que alimentan las lluvias sin medida;
hacia los esteros voy, hacia el delta
donde la luz descansa absorta
en las magnolias de la muerte
y el calor inaugura vastas regiones
donde los frutos se descomponen
en una densa siesta
mecida por los élitros

de insectos incansables.
Y, sin embargo, aún me inclinaría
por las tiendas de piel, la parca arena,
por el frío reptando entre las dunas
donde canta el cristal
su atónita agonía
que arrastra el viento
entre túmulos y signos
y desvía el rumbo de las caravanas.
Vine del norte,
el hielo canceló los laberintos
donde el acero cumple
la señal de su aventura.
Hablo del viaje, no de sus etapas.
En el este la luna vela
sobre el clima que mis llagas
solicitan como alivio
de un espanto tenaz y sin remedio.

Noticia del Hades

Para Jaime Jaramillo Escobar

Seul, ton néant est éternel.

Paul Leataud

El calor me despertó en medio de la noche
y bajé a la quebrada en busca de la fresca brisa
que viene de los páramos. Sentado bajo un frondoso
[guadual
un hombre esperaba, oculto en la esbelta sombra de las
[matas.
Permaneció en silencio hasta cuando le pregunté
quién era y qué hacía allí. Se levantó para responderme
y desde la oscuridad vegetal que lo ocultaba llegó su voz
y sus palabras tenían la afelpada independencia,
el opaco acento de una región inconcebible.
«Vengo —me dijo— de las heladas parcelas de la muerte,
de los dominios donde el cisne surca las aguas serenas
y preside el silencio de los que aquí han llegado
para esperar, en medio de las altas paredes de granito,
la inefable señal, la siempre esperada y siempre
[postergada
señal de su definitiva disolución en la nada bienhechora.
Ni la pulida superficie de las rocas, ni el helado espejo

de las aguas, guardan signo alguno de esa presencia
[innumerable.
Sólo la nielada estela del perpetuo navegar
del ave que vigila y recorre estas regiones, anuncia
cuáles son los poderes y quiénes los habitantes que
[pueblan
el ámbito sin designio ni evasión del que vengo a dar
[noticia.
Cada cual existe allí por obra de su propio y desolado
apartamiento. Sólo el cisne, en su tránsito sin pausa,
con breves giros de su albo cuello majestuoso,
nos reúne bajo el mismo gesto de un hierático despojo.
La brisa callada que baja a menudo de las cimas de
[granito
no basta para inquietar la superficie del lago. Nos llega
como una última llamada del mundo de los vivos,
de ese mundo en donde apuras, en distraído goce,
los dones que nosotros, allá, en nuestros parajes,
ya hemos olvidado. Observa cómo ninguna piedra es
muda en este tu mundo. Aquí te acogen voces, ecos y
[llamadas
todo te nombra, todo existe para tu protección y alivio.
Como presente no pedido y que no mereces vine a
[revelarte
lo que te espera. No saques apresuradas conclusiones,
nada de lo que puedas hacer se tendrá en cuenta

entre nosotros. La estancada y dura transparencia
de nuestro reino no es propicia a los recuerdos y
[esperanzas
que tejes y destejes en el tropel sin norte de tus días.
No creo que llegues a entender lo que he narrado.
Pertenece a una materia y a un tiempo que sólo los
[muertos
tenemos la lenta y gélida paciencia de habitar.
La huella del cisne sobre las aguas nos mantiene
a la espera de nada, apartados y ajenos, presos
en la neutra mirada del centinela de radiante blancura
en cuyos ojos se repite la teoría de los acantilados
que a trechos macula el óxido estéril de un liquen
[inmutable.»
Esto dijo y al extender la mano desde la tibia penumbra,
pareció iniciar un gesto ambiguo con el cual, a tiempo
que se despedía, me indicaba que, en alguna forma,
para mí indescifrable, yo me estaba iniciando en sus
[dominios.

de DIEZ LIEDER

Lied marino

Vine a llamarte
a los acantilados.
Lancé tu nombre
y sólo el mar me respondió
desde la leche instantánea
y voraz de sus espumas.
Por el desorden recurrente
de las aguas cruza tu nombre
como un pez que se debate y huye
hacia la vasta lejanía.
Hacia un horizonte
de menta y sombra,
viaja tu nombre
rodando por el mar del verano.
Con la noche que llega
regresan la soledad y su cortejo
de sueños funerales.

de CRÓNICA REGIA

(1985)

Philippus Secundus,
Rex quondam Rexque futurus

A Miguel de Ferdinandy

Como un fruto tu reino

Como un fruto tu reino, Señor.
Convergen sus gajos, el zumo
de sus mieles y la nervada autonomía
de su idéntico dibujo
hacia el centro donde rige
un orden que te pertenece
por gracia y designio
del Dios de los ejércitos.
Sólo a ti fue concedido el peso
de tan vasta tarea, sólo en ti
gravita la desolada gestión
de un mundo que te nombra
como el más cierto fiel de su destino.
Como un fruto tu reino. Protegido,
cercado en el límite estricto
de su dorada corteza impenetrable.
Así es tu deseo que se muestre
tu reino: ajeno al infame comercio
con los señalados por el demonio
del examen con su huella de cieno,
con los mancillados por el tributo
al efímero afán de la razón.

Como fruto en plenitud quieres tu reino
en la sazón de sus más puras esencias
destiladas por siglos en la augusta
sangre de tus antepasados,
confiado a tus pálidas manos lusitanas
para que se cumpla, al fin, la promesa
del Apóstol que reposa al amparo
de tu corona tres veces santa.
Por eso tus palabras sin cuartel:
«Prefiero no reinar a reinar sobre herejes.»
Como fruto madurado en milenios
de migraciones y regresos,
de fundaciones y ciegas teogonías,
de luchas entre hermanos,
de hazañas en el océano abismal,
de incendios y masacres
y reyes sin ventura o consumidos
por la fiebre de los santos
o por la minuciosa ruina del saber;
como ese fruto sueñas tu reino
y en ese sueño se consume tu vida
para gloria de Dios y ante la estulta
inquina de tus allegados que, como siempre,
nada han sabido entender de esas empresas.

de UN HOMENAJE Y SIETE NOCTURNOS

(1987)

I

La tenue luz de esa lámpara
en la noche débilmente
se debate con las sombras
No alcanza a rozar los muros
ni a penetrar en la tiniebla
sin límites del techo
Por el suelo avanza
No logra abrirse paso
más allá de su reino intermitente
restringido al breve ámbito
de sus oscilaciones
Al alba termina
su duelo con la noche
la astuta tejedora
en su blanda trama
de hollín y desamparo
Como un pálido aviso
del mundo de los vivos
esa luz apenas presente
ha bastado
para devolvernos a la mansa
procesión de los días

a su blanca secuencia
de horas muertas
De su terca vigilia
de su clara batalla
con la sombra sólo queda
de esa luz vencida
la memoria de su vana proeza
Así las palabras buscando
presintiendo el exacto lugar
que las espera en el frágil
maderamen del poema
por designio inefable
de los dioses.

VII

Voici le temps des assassins.

ARTHUR RIMBAUD

Justo es hablar alguna vez de la noche de los asesinos
La noche cómplice la larga noche donde se anudan
las serpientes que han perdido los ojos y rastrean
con su lengua bífida el lugar de su descanso
Hay una tiniebla para los altos hechos del crimen
tibia noche interminable donde la pálida lujuria
alza sus tiendas y establece sus estamentos y sus rondas
Hay frutos cuya blanca pulpa despide a esa hora
un dulce aroma devastador que acompaña
a los transgresores de todo orden y principio
y los eleva a la condición de grandes elegidos
Ellos son los señores de la noche propicia
los capitanes del desespero los ejecutores insomnes
los que van a matar como quien cumple con un rito
[necesario
una rutina consagrante amparada
por el humo nocturno de las celebraciones
El homicidio entonces forma parte
de una más ardua teoría de códigos
de una suma de mandamientos
a las que somos ajenos y de las que poco sabemos

por estar marcados con la precaria señal de los inocentes
por no haber alcanzado la gracia de ser los escogidos
para habitar los metálicos dominios
donde la noche que no puede nombrarse
ampara y oculta sólo a los que han ejercido
durante largo tiempo
lo que dura una vida
el asedio incesante a los estrados del cadalso
a las pausadas procesiones del patíbulo
Justo es hablar así sea por una sola vez
de la noche de los asesinos la noche cómplice
porque también ella entra en el orden de nuestros días
y de nada valdría pretender renegar de sus poderes.

de POEMAS DISPERSOS

Celebración de la vid

Canto a la vid, su hoja de cinco puntas
que copia la mano del hombre.
Alabo su terca fidelidad
al ingrato suelo que la acoge.
Celebro su condición de testigo:
compañera de Platón, hermana de Omar Khayyam,
señora de los jardines de Córdoba
en donde los Omeyas exaltaron el álgebra y la vida.
Reclamo para la vid el homenaje sin pausa
que le deben nuestra sangre y la persistencia
mineral de nuestros huesos, resignado limo del subsuelo.
Allí tornamos a encontrarnos con ella
y desde sus raíces volvemos a la vida
hechos sol y sabias mieles vegetales,
presentes en la uva para vivir
un fugaz instante de la eternidad.
Proclamo para la vid la fervorosa simpatía
de los hombres que le deben el canto y las batallas,
la oración y la lenta agonía del saber.
Así sea.

Dos poemas

Si oyes correr el agua

Si oyes correr el agua en las acequias,
su manso sueño pasar entre penumbras y musgos,
con el apagado sonido de algo
que tiende a demorarse en la sombra vegetal.
Si tienes suerte y preservas ese instante
con el temblor de los helechos que no cesa,
con el atónito limo que se debate
en el cauce inmutable y siempre en viaje.
Si tienes la paciencia del guijarro,
su voz callada, su gris acento sin aristas,
y aguardas hasta que la luz haga su entrada,
es bueno que sepas que allí van a llamarte
con un nombre nunca antes pronunciado.
Toda la ardua armonía del mundo
es probable que entonces te sea revelada,
pero sólo por esa vez.
¿Sabrás, acaso, descifrarla en el rumor del agua
que se evade sin remedio y para siempre?

Como espadas en desorden

Mínimo homenaje a Stéphane Mallarmé

Como espadas en desorden
la luz recorre los campos.
Islas de sombra se desvanecen
e intentan, en vano, sobrevivir más lejos.
Allí, de nuevo, las alcanza el fulgor
del mediodía que ordena sus huestes
y establece sus dominios.
El hombre nada sabe de estos callados combates.
Su vocación de penumbra, su costumbre de olvido,
sus hábitos, en fin, y sus lacerias,
le niegan el goce de esa fiesta imprevista
que sucede por caprichoso designio
de quienes, en lo alto, lanzan los mudos dados
cuya cifra jamás conoceremos.
Los sabios, entretanto, predican la conformidad.
Sólo los dioses saben que esta virtud incierta
es otro vano intento de abolir el azar.

VISITA DE LA LLUVIA

Ocurre así
la lluvia

AURELIO ARTURO

Llega de repente la lluvia, instala sus huestes, minuciosos guerreros de seda y sueño.
Salta gozosa en los tejados, desciende por los canalones en precipitada algarabía;
comienza la gran fiesta de las aguas en viaje que establecen su transitorio dominio
y de la mano nos llevan a regiones que el tiempo había sepultado, al parecer, para siempre:
allí nos esperan
la fiebre de la infancia,
la lenta convalecencia en tardes de un otoño incesante,
los amores que se prometían sin término,
los duelos en la familia,
los húmedos funerales en el campo,
el tren detenido ante el viaducto que arrastró la creciente,
los insectos zumbando en el vagón donde nos sorprendió el alba,
las historias de piratas codiciosos, de malayos que degüellan

en silencio, de viajes al Polo, de tormentas devastadoras e islas afortunadas;
nuestros padres, jóvenes, mucho más jóvenes que nosotros ahora,
que la lluvia rescata de su parda ceniza sin edad, de su callado
trabajo mineral
e irrumpen vestidos de risa y gestos juveniles.
Qué bendición la lluvia, qué intacta maravilla su paso sorpresivo y bienhechor
que nos preserva del olvido y de la rutina sin memoria.
Con qué gozo transparente nos instalamos en su imperio de palios vegetales
y con cuánta construida resignación la escuchamos callar pausadamente, alejarse y regresar por un instante,
hasta que nos abandona en medio de un lavado silencio, de un ámbito recién inaugurado
que invade el presente con sus turbias materias en derrota, su cortejo de pálidas convicciones, de costumbres donde no cabe la esperanza.
Recordemos siempre esta visita de la lluvia. Cerrados los ojos, tratemos de evocar su vocerío
y asistamos de nuevo a la victoria de sus huestes que,
por un instante, derrotan a la muerte.

Balada imprecatoria contra los listos

Ahí pasan los listos.
Siempre deprisa, alertas, husmeando
la más leve oportunidad de poner a prueba
sus talentos, sus mañas,
su destreza al parecer sin límites.
Vienen, van, se reúnen, discuten, parten.
Sonrientes regresan con renovadas fuerzas.
Piensan que han logrado convencer,
tornan a sonreír, nos ponen las manos
sobre los hombros, nos protegen, nos halagan,
despliegan diligentes su abanico de promesas
y de nuevo se esfuman como vinieron,
con su aura de inocencia satisfecha
que los denuncia a leguas.
Jamás aceptarán que a nadie persuadieron.
Porque cruzan por la vida
sin haber visto nada,
sin haber escuchado nada,
sin dudas ni perplejidades.
Su misma certeza los aniquila.
Pero, a su vez, también sus víctimas
suelen olvidarlos, confundirlos en la memoria

con otros listos, sus hermanos,
tan semejantes, tan deprisa siempre,
tratando de ocultar a todas luces
el exiguo torbellino que los alienta
a guisa de corazón.
Todo cuidado, toda prudencia,
de nada valen con ellos,
ni vienen a cuento.
Su efímera empresa, al final,
ningún daño logra hacernos.
Los listos, os lo aseguro, son inofensivos.
Es más, cuando me pregunto
adónde irán los listos cuando mueren,
me viene la sospecha de si el limbo
no fue creado también para acogerlos,
sosegarlos y permitirles rumiar,
por una eternidad prescrita desde lo alto,
la fútil madeja de su inocua cuquería.
Ignoremos a los listos y dejémoslos
transitar al margen de nuestros asuntos
y de nuestra natural compasión
a mejores fines destinada.
De los listos no habla el Sermón de la Montaña.
Esta advertencia del Señor, debería bastarnos.

Ponderación y signo del tequila

Para María y Juan Palomar

El tequila es una pálida llama que atraviesa los muros
y vuela sobre los tejados como alivio a la desesperanza.
El tequila no es para los hombres de mar
porque empaña los instrumentos de navegación
y no obedece a las tácitas órdenes del viento.
Pero el tequila, en cambio, es grato a quienes viajan en
[tren
y a quienes conducen las locomotoras, porque es fiel
y obcecado en su lealtad al paralelo delirio de los rieles
y a la fugaz acogida en las estaciones,
donde el tren se detiene para testimoniar
su inescrutable destino de errancia.
Hay árboles bajo cuya sombra es deleitoso beberlo
con la parsimonia de quien predicó en el viento
y otros árboles hay donde el tequila no soporta la
[umbría
que opaca sus poderes y en cuyas ramas se mece
una flor azul como el color que anuncia los frascos de
[veneno.
Cuando el tequila agita sus banderas de orillas dentadas,
la batalla se detiene y los ejércitos tornan
al orden que se proponían imponer.

Dos escuderos lo acompañan a menudo: la sal y el limón.
Pero está listo siempre a entablar el diálogo
sin otro apoyo que su lustral transparencia.
En principio el tequila no conoce fronteras.
Pero hay climas que le son propicios
como hay horas que le pertenecen con sabia plenitud:
cuando llega la noche a establecer sus tiendas,
en el esplendor de un meridiano sin obligaciones,
en la más alta tiniebla de las dudas y perplejidades.
Es entonces cuando el tequila nos brinda su lección
[consoladora,
su infalible gozo, su indulgencia sin reservas.
También hay manjares que exigen su presencia,
son aquellos que propició la tierra que lo vio nacer.
Inconcebible sería que no fraternizaran con certeza
[milenaria.
Romper ese pacto sería grave falta contra un dogma
[prescrito
para aliviar la escabrosa tarea de vivir.
Si «la ginebra sonríe como una niña muerta»,
el tequila nos atisba con sus verdes ojos de prudente
[centinela.
El tequila no tiene historia, no hay anécdota
que confirme su nacimiento. Es así desde el principio
de los tiempos, porque es don de los dioses
y no suelen ellos fabular cuando conceden.

Ése es oficio de mortales, hijos del pánico y la costumbre.
Así es el tequila y así ha de acompañarnos
hasta el silencio del que nadie regresa.
Alabado sea, pues, hasta el final de nuestros días
y alabada su cotidiana diligencia para negar ese término.

ÍNDICE

de PRIMEROS POEMAS (1947-1952)

de LOS ELEMENTOS DEL DESASTRE (1953)

de RESEÑA DE LOS HOSPITALES DE ULTRAMAR (1955-1959)

de LOS TRABAJOS PERDIDOS (1965)

de DIEZ LIEDER

de CRÓNICA REGIA (1985)

de UN HOMENAJE Y SIETE NOCTURNOS (1987)

de POEMAS DISPERSOS

ADEMÁS EN ESTA COLECCIÓN

PABLO NERUDA

Ya no la quiero, es cierto, pero tal vez la quiero.
Es tan corto el amor, y es tan largo el olvido.

Porque en noches como ésta la tuve entre mis brazos,
mi alma no se contenta con haberla perdido.

Aunque éste sea el último dolor que ella me causa,
y éstos sean los últimos versos que yo le escribo.

JULIO CORTÁZAR

No me des tregua, no me perdones nunca.
Hostígame en la sangre, que cada cosa cruel
[sea tú que vuelves.
¡No me dejes dormir, no me des paz!
Entonces ganaré mi reino,
naceré lentamente.
No me pierdas como una música fácil,
[no seas caricia ni guante;
tállame como un sílex, desespérame.

JUAN RAMÓN JIMÉNEZ

¡Intelijencia, dame
el nombre exacto de las cosas!

ANTONIO MACHADO

**Al olmo viejo, hendido por el rayo
y en su mitad podrido,
con las lluvias de abril y el sol de mayo
algunas hojas verdes le han salido.**

FEDERICO GARCÍA LORCA

Si muero,
dejad el balcón abierto.

El niño come naranjas.
(Desde mi balcón lo veo.)

El segador siega el trigo.
(Desde mi balcón lo siento.)

¡Si muero,
dejad el balcón abierto!

POESÍA EN INTERNET

Consulta nuestra página WEB
y envíanos tus poesías
a través de Internet a la dirección:

http://www.tsc.es/p&j/poesia